Jacky GIRARDET

C.I.E.P. de Sèvres

Joëlle SCHELLE-MERVELAY

il était...
une petite grenouille
lecture 2

Illustrations : Mélanie ERHARDY
Conception graphique : Pascale MAC AVOY

Ce manuel fait partie de l'ensemble pédagogique pour l'enseignement du français langue étrangère à des enfants de 5 à 8 ans : **Il était... UNE PETITE GRENOUILLE 2.** Il poursuit l'apprentissage de la lecture commencé avec le manuel LECTURE 1 du premier niveau de la méthode.

On retrouvera la même organisation des unités : fenêtre sur le livre de contes et phrase clé – mots clés et listes de mots pour l'analyse – phrases de travail pour l'acquisition des structures morphologiques et syntaxiques – histoire composée essentiellement avec des mots connus.

Les acquisitions du premier niveau permettent toutefois la mise en œuvre d'une méthodologie sensiblement différente.

- Les leçons sont organisées autour d'un phonème dont on étudie les principales réalisations graphiques.
- La progression exclut toute acquisition globale nouvelle mais les mots acquis globalement au premier niveau continuent à être réemployés.

Clé International
27, rue de la Glacière, 75013 Paris

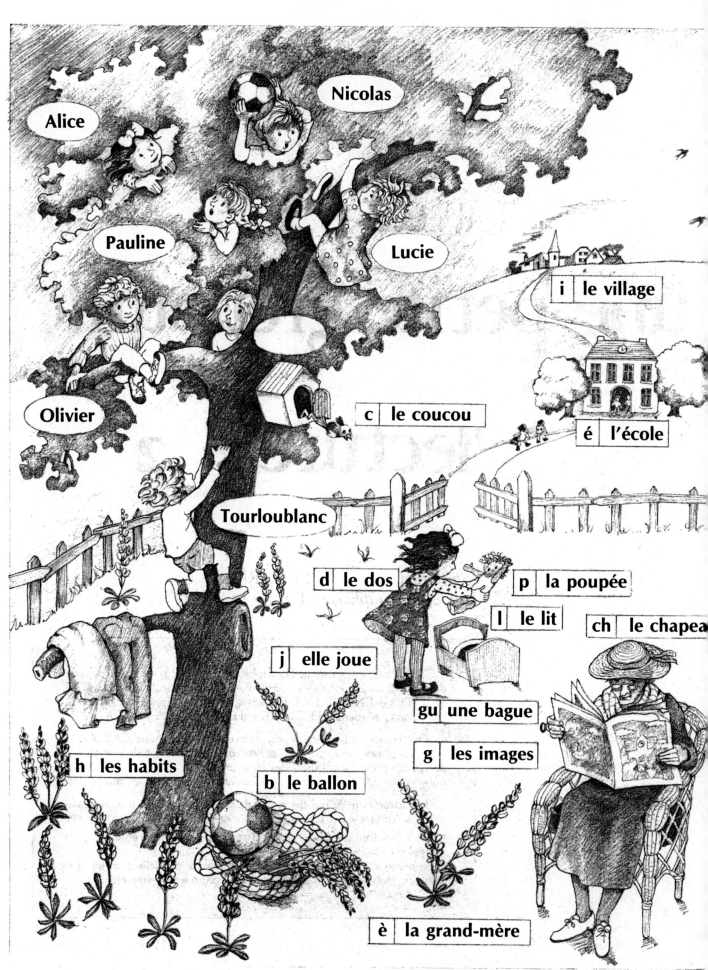

Alice

Nicolas

Pauline

Lucie

Olivier

Tourloublanc

| i | le village |

| c | le coucou |

| é | l'école |

| d | le dos |

| p | la poupée |

| l | le lit |

| ch | le chapea[...] |

| j | elle joue |

| gu | une bague |

| g | les images |

| h | les habits |

| b | le ballon |

| è | la grand-mère |

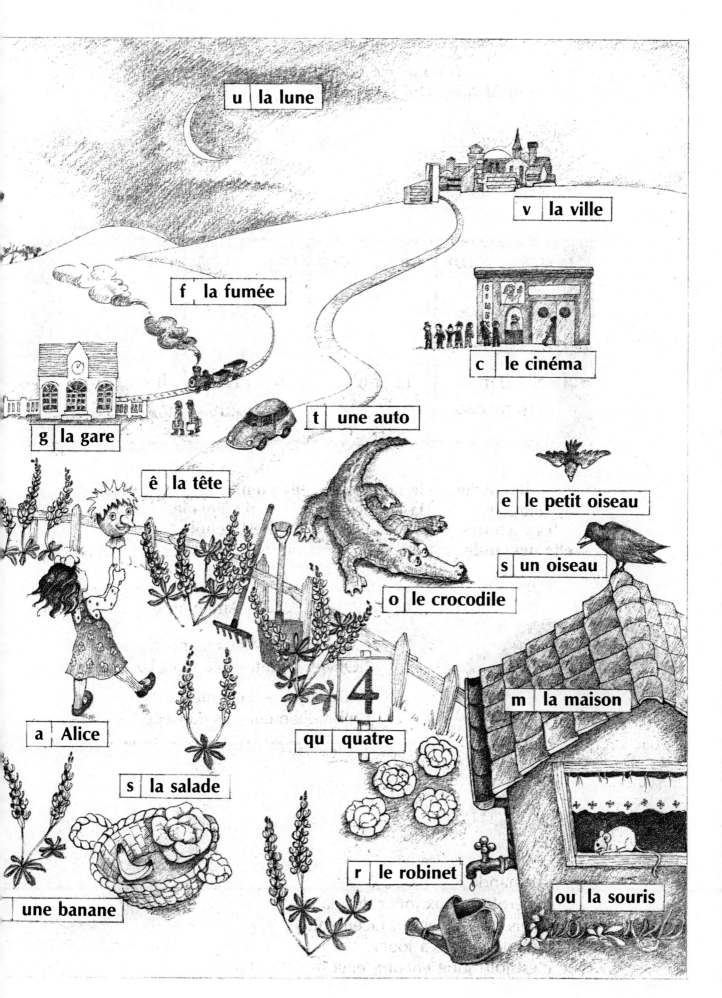

u | la lune

v | la ville

f | la fumée

c | le cinéma

t | une auto

g | la gare

ê | la tête

e | le petit oiseau

s | un oiseau

o | le crocodile

m | la maison

a | Alice

qu | quatre

s | la salade

r | le robinet

ou | la souris

une banane

Tubulus est un grand savant
« Allô! Allô! Oui, je vous entends... »

an *an*	am *am*	en *en*	em *em*
elle danse *elle danse*	la jambe *la jambe*	un enfant *un enfant*	il emporte *il emporte*

dimanche	le tambour	elle commence	il emmène
maman	la lampe	il s'envole	
les vacances		il est gentil	
elle demande			

Je veux emporter ce tambour, cette radio et ces jouets

=== Attention ===

Alice danse - les enfants dansent
Olivier chante - Marie et Lucie chantent

elle danse - il chante
elles chantent - ils dansent

Pauline demande :
« Grand-mère! Je peux jouer du piano?
– Oui, mais doucement, doucement. »
Et Pauline commence à jouer.
« Que c'est joli! Joue encore, encore » dit Olivier.

Le vent a un enfant méchant.
Il s'appelle Ouragan.

Ouragan fait s'envoler les chapeaux.
Il emporte les cabanes de la forêt.
Et le vent n'est pas content.

Alors le vent va chez le savant Tubulus.
« Grand savant, j'ai un enfant méchant.
Qu'est-ce qu'il faut faire?
— Tous les jours, avant six heures,
donne à Ouragan six gouttes de jus de carotte. »

Le vent donne à Ouragan six gouttes de jus de carotte.
Alors, le petit vent se lève doucement.
Il va chanter dans la forêt.
Il fait danser les nuages
et il emporte les oiseaux
tout là-haut.

« Bang! Bang! Bang! »
Écoute! Tu entends?
C'est Ouragan.
Le vent a oublié le jus de carotte
et Ouragan joue du tambour dans les nuages.

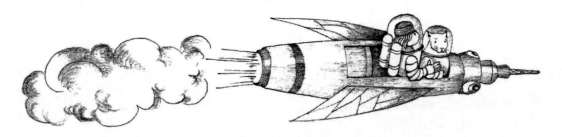

Tubulus et son chat montent dans la fusée
« 5, 4, 3, 2, 1, 0... nous partons! »

on   *on*   om   *om*

un ballon
un ballon

il tombe
il tombe

mon   ils font
ton   ils vont
son   elles sont
rond   elles ont
long

nous avons
nous allons

le salon   elle compte
un bouton
la maison
la chanson

Pauline et Nicolas ont un âne.
C'est un âne savant.
Il compte avec sa patte.
Il dit non avec sa tête.
Il dessine des ronds avec sa bouche.

A l'école des poissons
nous écoutons le crocodile,
nous répétons les leçons,
nous chantons des chansons,
nous dessinons des maisons,
nous jouons au ballon.

Les poissons vont à l'école
comme vous,
comme tout le monde.
Ils sont assis en rond
et un crocodile donne les leçons.

Roméo a un ballon, un tambour, un vélo et un bâton.
Léon n'a pas de ballon, pas de tambour,
pas de vélo, pas de bâton.
Alors, il demande à Roméo :
« Roméo! Je peux jouer avec ton ballon? »
Mais Roméo répond :
« Non, ce n'est pas ton ballon, c'est mon ballon! »

Léon demande encore :
« Roméo, je peux monter sur ton vélo? »
Mais Roméo répond :
« Non, non et non! Ce n'est pas ton vélo, c'est mon vélo! »
Et il tape sur Léon avec son bâton.

Un jour, le ballon de Roméo tombe dans la rivière.
Roméo va le chercher.
Mais la rivière emporte Roméo. Alors, il appelle Léon :
« Léon! Va chercher mon bâton et tire-moi de là.
— Ah non! Ce n'est pas mon bâton, c'est ton bâton » dit Léon.
« Léon! Léon! Je te donne mon ballon, mon vélo, mon tambour.
Va chercher le bâton. »

Léon n'est pas méchant.
Il va chercher le bâton
et tire Roméo de la rivière.

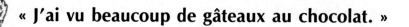

« J'ai vu beaucoup de gâteaux au chocolat. »

o o	au au	eau eau

un vélo *un vélo*	une auto *une auto*	un gâteau *un gâteau*

un stylo	jaune	un chapeau
Nicolas	il saute	un bateau
le crocodile	c'est haut	un couteau
le dos	il faut	c'est beau

J'ai mal au dos

J'ai mal aussi

Attention!

un vélo - des vélos	un gâteau - des gâteaux
un stylo - des stylos	un bateau - des bateaux

Une souris a volé le stylo d'Olivier. Olivier a couru après la souris.
Mais la souris a donné le stylo au chat.
Olivier a sauté sur son vélo. Il a pédalé, pédalé…
Mais le chat a donné le stylo à l'oiseau
et l'oiseau a posé le stylo en haut de l'arbre.

Dans le placard, il y a un beau gâteau.
J'ai vu le gâteau.
Tu as volé le gâteau.
Il a emporté le gâteau.
Elle a coupé le gâteau.
Nous avons mangé le gâteau.
Vous avez donné un morceau de gâteau aux oiseaux.
Ils ont caché le morceau dans un arbre.

Pour la fête de Petit Lion,
Mère Lionne a fait un gros gâteau
avec beaucoup de chocolat
et une belle bougie jaune.
Elle a caché le gâteau dans un arbre.

Mais la souris a vu le gâteau.
Elle appelle les animaux :
« Allô! Allô! À tous les animaux!
Venez vite chez les lions! Il y a du gâteau! »

Alors, là-haut dans la montagne,
        là-bas dans la forêt,
tous les animaux se lèvent.

Le crocodile vient en bateau
et le chameau en pédalo.
Le chat saute sur son vélo,
le loup sur sa moto,
le rat dans son auto.

« Vite! Vite! Un couteau! »
Et ils coupent le gâteau,
et ils mangent le gâteau.

Pour la fête de Petit Lion,
il y a une jolie bougie,
mais pas un morceau de gâteau.
Les oiseaux ont tout fini.

C'est la fête des étoiles.
On monte dans le bateau de la lune.
On descend par le grand toboggan.
On attrape le chapeau du soleil.

tr

une trompette
un citron
c'est tranquille
attrapez!
entrez

quatre
la fenêtre
un autre morceau
notre maison

pr

il se promène
le professeur
près de la maison
après la gare
elle préfère la musique

je prends le livre
tu apprends la leçon
il comprend le professeur

br

le bras
un arbre

cr

le crocodile
il crie
elle écrit

dr

vendredi
prendre
attendre

gr

il est gros
elle est grande
le grenier

vr

ouvrez!
le livre

Pour attraper une souris,
il faut mettre un morceau
de fromage sous le lit.
Il faut se cacher sous le piano
et il faut attendre longtemps.
Tu comprends?

Tu as vu notre auto?

Ah! C'est votre auto!

Tu viens au cinéma?

Non, je préfère me promener.

La femme de Bricolo n'est pas très gentille.
« Bricolo! Lave les chemises!
Répare l'auto!
Coupe les carottes et les citrons!
Fais la soupe! »
Bricolo travaille, travaille
et sa femme se promène.

Un jour, dans le grenier, Bricolo trouve une petite trompette.
« Oh! Une trompette! » Et il joue « ta ra ta ta! »
Alors, il entend « toc toc toc toc » à la fenêtre.
« Entrez! » dit Bricolo.
Et un petit homme avec quatre bras entre dans le grenier.

Bricolo ne comprend pas.
Alors le petit homme commence à travailler.
Avec un bras, il lave les chemises.
Avec un autre bras, il répare l'auto.
Avec un autre, il coupe les carottes et les citrons.
Avec un autre, il fait la soupe.
Quatre minutes après, tout est propre,
tout est prêt.

« Bricolo! Lave mes robes!
Répare le piano!
Coupe les pommes de terre!
.... »
Bricolo est tranquille.
Il monte vite au grenier
et il appelle le petit homme aux quatre bras.

**Sur la planète Frigorix
les maisons sont en glace
et les arbres sont blancs.**

pl	bl	cl
le placard	blanc	la clé
la plage	bleu	
une planète	la table	gl
une plume	le tableau	
	j'ai oublié	
	c'est terrible	

Nicolas glisse sur la glace.
« Attention, Nicolas! » crie son grand-père.
Mais Nicolas est tombé. Il a mal à la jambe. Il pleure.

C'est l'été. Il fait chaud. Pauline se promène sur la plage.
Elle a oublié son chapeau.
« Chapeaux blancs! Chapeaux bleus! Chapeaux rouges!
Chapeaux à plumes!... »
C'est le marchand de chapeaux.
Vite, un chapeau pour Pauline!

Dans le placard de la salle à manger il y a un gros paquet de bonbons.
Alice et Olivier sont rentrés de l'école.
Mais papa et maman ne sont pas là.
La clé du placard est sur la table.
Alors que font Alice et Olivier?

« Debout! C'est l'heure d'aller à l'école! »
Sur la planète Frigorix, maman appelle Frigolette.

Frigolette se lève. Est-ce qu'elle se lave?
Hé non! Sur la planète Frigorix il n'y a pas d'eau.
Alors elle frotte un morceau de glace sur le bout de son nez.
« Br... Br... Br! »
Elle met sa robe blanche.
Elle avale vite une bonne glace au chocolat.
Ça y est! Elle est prête.

Mais à l'école de Frigorix
c'est difficile d'écrire avec le stylo qui glisse,
c'est difficile de parler avec la langue gelée,
c'est difficile de lire les lettres blanches sur le tableau blanc.

Alors Frigolette pleure...
et des petits glaçons tombent sur son cahier.

Le roi de Frigorix raconte son histoire.

oi   oi

une étoile

oiseau	le soir
moi	noir
toi	voir
le poisson	avoir
du bois	savoir
le roi	pouvoir
le toit	vouloir

trois - il a froid

L'oiseau noir a volé les couleurs du pays des couleurs.
Tourloublanc et ses amis cherchent les couleurs.
« Qui a volé le rouge? Qui a volé le jaune?
C'est toi, crocodile? » demande le poisson.
« Non, ce n'est pas moi. »

La fusée de Tubulus arrive sur la planète Frigorix.
Tubulus ouvre la porte.
« Br... Br... ! Il fait froid ici. Je mets un manteau.
– Moi aussi » dit le chat.

Il fait chaud. J'ai soif.

Tu veux boire du jus d'orange?

Qui a volé mon livre d'histoires? C'est toi?

Non! Ce n'est pas moi!

Avec trois morceaux de bois

On peut faire le toit d'une maison
On peut faire un pont pour aller à la maison
On peut faire du feu devant la maison
On peut faire une étoile au-dessus de la maison
On peut faire...

Un soir, la fille du roi voit une grosse étoile.
Elle dit : « Je veux cette étoile! »

Le roi demande à ses amis :
« Qui veut aller chercher l'étoile?
– Moi » dit le grand Matamore.

Matamore monte sur le toit du château.
Avec des morceaux de bois,
il fait une échelle haute, haute, haute
et il monte, monte, monte.
Mais patatras! Il tombe.
Il remonte une fois, deux fois, trois fois.
Mais il retombe.

Après Matamore, tous les amis du roi montent à l'échelle.
Et tous, ils tombent, sans pouvoir attraper l'étoile.

Mais voici le petit Benoît.
Il ne monte pas à l'échelle.
Qu'est-ce qu'il fait?
Il met de l'eau dans une boîte.
Il pose la boîte sur le toit du château.

Et le soir, il appelle la fille du roi :
« Regarde dans la boîte.
Il y a ton étoile. »

**« Des allumettes!
On peut faire du feu! »**

**Et voilà comment le pays de la neige
est devenu le pays de la pluie.**

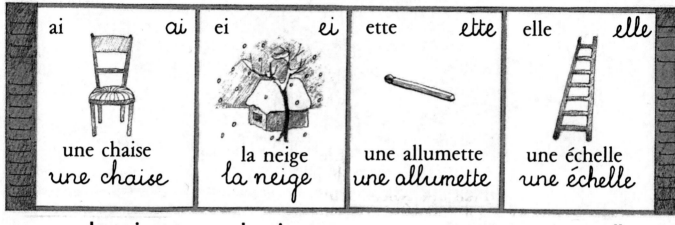

ai *ai*	ei *ei*	ette *ette*	elle *elle*
une chaise *une chaise*	la neige *la neige*	une allumette *une allumette*	une échelle *une échelle*

la maison	la reine	cette	elle
la semaine		la trompette	belle
du lait		les baguettes	elle appelle

> la forêt - la fenêtre - il s'arrête - il se dépêche
> le père - la mère - elle se promène - un gâteau à la crème

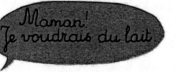
Maman! Je voudrais du lait

Taisez-vous! Écoutez-moi!

« Je vais au cinéma » dit Nicolas.
« Je sais lire » dit Lucie.
« Je fais une cabane » dit Olivier.

B   Tubulus demande au bonhomme de neige :
« Où est le château du roi? »
Mais le bonhomme de neige ne parle pas français.
Tubulus ne comprend pas.

A+ « Il fait froid. On va faire du feu dans la cheminée »,
dit la mère d'Olivier.
Olivier est content. Il aime faire du feu.
Il met du bois dans la cheminée.
Il gratte une allumette...
« Attention, Olivier! Ne laisse pas
les allumettes à côté du feu! »

Regardez cette planète. Elle s'appelle Solarix.
Là-bas, il fait très chaud.
Le roi est tout le temps dans sa piscine
et les habitants aussi.

Le roi rêve :
« Je voudrais habiter un pays froid
avec de la neige sur le toit des maisons. »

Alors le roi travaille trois semaines
et il fabrique une grande machine.

Ouf! La machine est prête.
Le roi presse sur le bouton vert
et la machine commence à faire de la glace... beaucoup de glace.
Tout le monde est content.

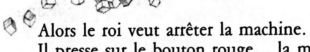

Alors le roi veut arrêter la machine.
Il presse sur le bouton rouge... la machine ne s'arrête pas.
Il presse sur tous les boutons... la machine ne s'arrête pas.
Il tape sur la machine... mais elle continue,
continue à faire de la glace.

Voilà comment Solarix est devenue un pays froid.
On l'a appelée Frigorix.

Mais le roi connaît un savant.
Il appelle ce savant :
« Tubulus! Tubulus! Aide-moi, s'il te plaît!
Viens! Et n'oublie pas tes allumettes! »

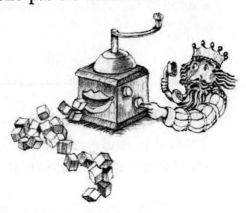

17

**« Mes amis, demain j'ai vingt ans.
Je vous invite à une grande fête. »**

in *in*	ain *ain*	un *un*
 un lapin *un lapin*	 la main *la main*	 un *un*

le matin	demain	lundi
enfin	du pain	
le singe		vingt - elle a vingt ans
il invite		cinq - il a cinq ans
		il a faim - il peint

Quel âge as-tu?

J'ai cinq ans

Céline a vingt ans.
Elle a invité tous ses amis à une grande fête.
Ils arrivent avec des cadeaux.
Ils chantent. Ils dansent. Ils rient.
Maintenant, voici le gâteau avec vingt bougies.
Tout le monde crie : « Bravo! »

La mère de Nicolas est sur une échelle.
Elle peint la salle de bain.
« Maman! Je vais t'aider! » dit Nicolas
et il monte à l'échelle.
« Attention, Nicolas! » et patatras! Le pot de peinture
tombe sur la tête de Nicolas.
« Maintenant, tu vas prendre un bain » dit maman.

Lucie a faim.
Sur la table de la salle à manger, il y a un pain.
Alors Lucie coupe un morceau de pain. Qu'il est bon!
Cinq minutes après, elle a encore faim.
Elle coupe un autre morceau.
Trois fois... Quatre fois... Cinq fois...
« À table! » dit le père de Lucie. « Mais où est le pain? »

Un matin, le singe se lève et dit :
« J'ai faim ».
Alors, il va dans la forêt pour chercher à manger.

Au milieu du chemin, il voit une belle salade.
« Oh! La belle salade! Demain j'invite mes amis! »

Mais le lapin aussi a vu la salade.
« Je veux cette salade!
– Non, elle est pour moi! »
Et ils tirent la salade,
et ils se tirent le nez, et ils se tirent les moustaches.

À la fin, le singe dit :
« Allons demander au crocodile. »

Le crocodile prend un bain dans la rivière.
« Crocodile! Dis-nous à qui est cette salade.
– Attendez… Aidez-moi à sortir du bain.
Donnez-moi la main. »

Le singe et le lapin s'avancent.

Alors le crocodile ouvre très grand la bouche.
Clac! Un coup de dents! Il avale le singe.
Clac! Un coup de dents! Il avale le lapin.

Et après, il mange la salade.

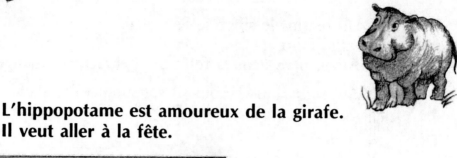

**L'hippopotame est amoureux de la girafe.
Il veut aller à la fête.**

eu   eu

le feu

le feu

le feu	**eux**
un peu	**deux**
jeudi	**amoureux**
	dangereux
il pleut	**les cheveux**

Je veux du lait   Est-ce que je peux entrer?
Tu veux de l'eau   Est-ce que tu peux sauter?
Il veut du jus d'orange   Est-ce qu'il peut danser?
Elle veut du jus de pomme   Est-ce qu'elle peut chanter?

eu   eu

une fleur

une fleur

leur	**une heure**
la couleur	**elle est seule**
le pêcheur	**elles veulent**
le moteur	**ils peuvent**
il a peur	

Le père d'Olivier a un ami pêcheur.
Le dimanche, ils vont à la pêche tous les deux,
sur un petit bateau à moteur.
Olivier demande à sa mère :
« Je peux aller avec eux?
– Non, il pleut. C'est dangereux.
On peut glisser sur le bateau
et tomber à l'eau.
Tu ne sais pas nager. »
Alors Olivier apprend à nager.

Au village, tous les jeudis, il y a un grand marché.

Panini est marchand de fleurs.
Il crie : « Qui veut des roses? Qui veut des tulipes? »

Vanina est marchande de couleurs.
Elle crie : « Qui veut du rouge? Qui veut du bleu? »

Qu'elle est jolie, Vanina!
Tous les hommes sont amoureux d'elle
et Panini aussi.

Mais Panini est timide.
Quand il est devant Vanina,
son petit cœur fait « tac tac, tac tac ».
Mais il ne peut pas parler,
et il a peur de la regarder.

Alors un jour, il fait un joli bouquet
avec des fleurs de toutes les couleurs.
Au milieu du bouquet
il met une grosse fleur blanche
et il donne le bouquet à Vanina.

Vanina regarde le bouquet.
Elle prend la fleur blanche
et avec ses couleurs,
elle la colorie en rouge, en jaune, en bleu.
Elle la pique dans ses cheveux
et elle sourit à Panini.

Alors, Panini est tout heureux.

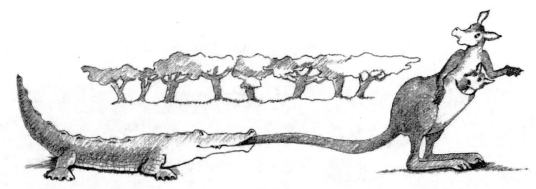

**Le crocodile mord la queue du kangourou.
Quelle catastrophe!**

c   c

le coucou
le coucou

qu   *qu*

quatre
quatre

k   k

le kangourou
le kangourou

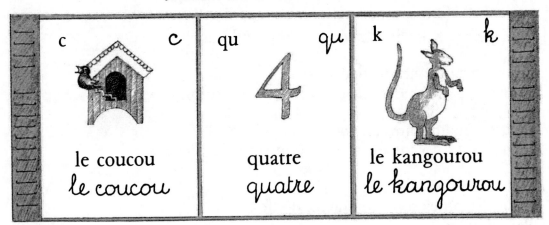

un couteau	la clé	que	un kilomètre	une flaque
courage	c'est cru	qui		il fabrique
l'école	nous écrivons	quand		il pique
il raconte	il écrase	quoi		la musique

Quelle heure est il?
Deux heures

elle a froid   une photo
il est français   une catastrophe

f   f

la forêt
la forêt

ph   *ph*

un éléphant
un éléphant

Quand le coq chante le matin
qui saute vite de son lit?
C'est Dame Coralie.
Qu'est-ce qu'elle fait?
Elle court à la fenêtre.
Pour quoi faire?
Pour regarder la route.
Quelle route?
La route de la ville.
Elle attend un beau cavalier?
Non, le marchand de croissants chauds
et de pains au chocolat.

Il y a longtemps, les éléphants avaient un tout petit nez.
Pour manger le haut des arbres, c'était difficile!
Pour écraser les mouches qui piquent le dos, c'était difficile!

Un jour, un petit éléphant, avec un tout petit nez
va boire à la rivière.
Mais le crocodile est caché sous l'eau.
Il mord le nez de l'éléphant et il tire.
« Je vais te manger tout cru! »
Le petit éléphant tire de son côté
et il secoue, et il secoue.
Alors son petit nez s'allonge, s'allonge.

À l'école, tout le monde se moque du petit éléphant :
« Ce nez fait un kilomètre » dit le kangourou.
« Donnez-moi un couteau, je vais le couper » dit le singe.

Mais maintenant, le petit éléphant peut manger le haut des arbres.
Il peut écraser les mouches qui piquent.
Et pour prendre une douche le matin, c'est facile!

Alors, les autres éléphants
veulent être comme le petit éléphant.

Ils vont tous voir le crocodile.

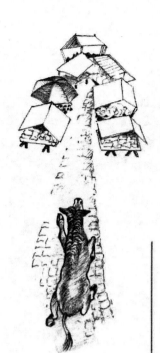

Le cheval part au marché

ar	or	our
arbre	or	la fourchette
un arbre	de l'or	un jour
par	un morceau	toujours
il part	il mord	la cour
partout	elle dort	elle court
elle parle	la porte	le tambour
il marche	d'accord	gourmand
le marchand		elle tourne
elle parle		
le placard		

er

le serpent
il ferme
elle perd
l'hiver
l'herbe

ir

partir
sortir
venir
dormir

as

une pastèque
catastrophe

os

un costume

ous

une moustache
un moustique

is

une histoire

es

il déteste

al

un cheval
il a mal

eul   **el**

seul   quel

C'est l'heure de partir à l'école.
Alice se dépêche.
Mais Alice est en retard.
Elle court pour attraper l'autobus.

En avant la musique
des jours de la semaine
Lundi marche devant
Rantanplan
Mardi joue de la trompette
Mercredi du violon
Jeudi de l'accordéon
Vendredi et samedi
chantent la chanson de dimanche

Dans le village de Rochebelle, au bord de la mer,
il y a des souris partout : dans l'herbe des jardins,
                              sur les arbres,
                              dans les trous des murs,
                              dans les placards.
On ne sait pas comment les faire partir.

Un jour, un homme à cheval arrive au village.
« Je peux faire partir les souris
mais je veux dix sacs d'or. »
« D'accord! D'accord! » disent les habitants.

Alors, l'homme sort de son sac un petit tambour.
Il frappe un coup
et toutes les souris, dans toutes les maisons, s'arrêtent de manger.
Il frappe deux coups
et toutes les souris, dans toutes les maisons, sortent de leur trou .
Il frappe trois coups
et toutes les souris vont danser autour de l'homme à cheval.

Alors, il part avec toutes les souris.

Deux jours après, l'homme revient.
« Je veux mes dix sacs d'or. »
 – Dix sacs, c'est trop!
Tiens, voilà un sac » disent les habitants.
Alors, l'homme repart.

Deux jours après, dans le village de Rochebelle,
il y avait des souris partout.

On fait des cadeaux à la girafe.
« Un autre collier! »

Le crocodile est plus élégant
mais l'éléphant danse mieux.

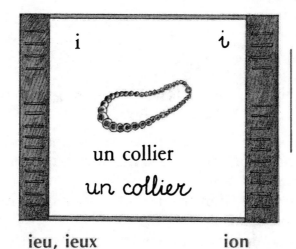

i   *i*

un collier
un collier

ier	ière
des souliers	la rivière
un papier	la lumière
un pompier	derrière
un escalier	en arrière
oublier	

ieu, ieux	ion	ien	
le milieu	un lion	c'est bien	la radio
vieux	un avion	combien	le lion
mieux	la télévision	rien	un piano
curieux		un chien	un pied

De la fumée sort par la fenêtre du grenier.
« Tiens! Qu'est-ce qu'il y a? »
Monsieur Lantier veut monter au grenier.
Catastrophe! L'escalier brûle.
Vite! Monsieur Lantier appelle les pompiers.

Alice et Olivier sont allés acheter un oiseau.
« Je préfère le bleu. Il est plus joli.
– Mais le jaune chante mieux.
– Il est trop vieux. Regarde le noir!
– Il est trop bavard!
– Alors, on prend le bleu?
– D'accord.
– Monsieur, nous prenons le bleu. C'est combien?
– Vingt francs. »

C'est le soir. Madame Fontaine rentre chez elle avec Kiki, son petit chien.

Quand elle arrive au milieu du salon...

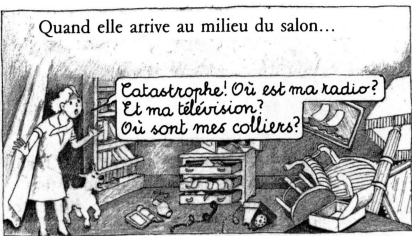

Madame Fontaine attend le policier.

Mais Kiki est un chien curieux. Alors, il cherche... et dans l'escalier il trouve...

Quand la police arrive...

L'hippopotame arrive.
Qu'il est beau! Qu'il est bien habillé!
Alors la girafe tourne la tête
et ses yeux brillent... brillent...!

y _y_	ill _ill_
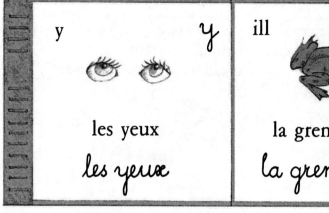 les yeux _les yeux_	 la grenouille _la grenouille_

une oreille
il se réveille

nous nous réveillons
nous nous habillons

il voyage
vous voyez
nous voyons

la fille
il s'habille
elle brille

il y a
ça y est
le pays

la grenouille
elle se mouille

elle travaille

La fille du roi s'habille pour la fête.
Elle met une robe blanche et un collier qui brille.

Pauline et Nicolas se promènent
au bord de la rivière.
Dans l'herbe, ils voient une grenouille.
« Vite! Attrape-la! » dit Pauline.
Mais la grenouille n'attend pas Nicolas.
Elle saute dans la rivière.

À la fête de la girafe,
le cheval blanc est le plus gai,
le chameau est le plus sérieux,
l'oiseau noir est le plus bavard,
le lapin est le plus poli,
le crocodile est le plus élégant.
Le plus gentil, c'est l'éléphant.

Cher Olivier,
Nous sommes en
voyage dans un
beau pays.
Nous voyons de
belles choses.
        ton ami

Olivier Lebel
3, rue des Fleurs
Paris
France

Un matin, le soleil ne s'est pas réveillé.
Il est resté couché derrière la montagne.

À midi, tout était noir.
Les fleurs étaient encore mouillées.
Les animaux de la forêt étaient encore en pyjama.
Et tout le monde avait froid.

La grenouille a dit :
« Moi, on m'entend bien.
Je vais appeler le soleil.
Coa! Coa! Coa!
Ouvre les yeux, paresseux! »
Mais le soleil ne s'est pas réveillé.

Le lion a dit :
« Je crie plus fort que toi.
Groa! Groa! Groa!
Allons soleil! Réveille-toi! Habille-toi!
Il faut aller travailler! »
Mais le soleil ne s'est pas réveillé.

Alors le singe, le cheval, l'hippopotame, le crocodile
ont crié tous à la fois :
« Soleil! Soleil! Réveille-toi! »
Mais le soleil ne s'est pas réveillé.

Alors, le coq a fait « Cocorico ! » très fort et très longtemps;
et le soleil est monté très haut dans le ciel
pour ne pas avoir mal aux oreilles.

Maintenant, quand le coq chante,
le soleil se lève bien vite.
Il met ses habits qui brillent
et il part en voyage dans le ciel.

La pluie efface les beaux habits de l'hippopotame.

« Je suis le plus laid. »

ui   ui

un parapluie

un parapluie

lui
je suis
puis
la nuit
la cuisine
c'est cuit

de l'huile
aujourd'hui

le bruit
la pluie
un parapluie

Tu es allé en haut de la montagne?

Jamais!

Je suis une goutte de pluie.
J'habite dans un nuage
et je viens avec les orages
danser sur vos parapluies.

Grand-père ne peut pas dormir la nuit.
La fenêtre de sa chambre fait du bruit.
Il faut mettre un peu d'huile!

Il fait nuit. Petit Rat sort de son trou. Il entre dans la cuisine.
« Voyons! Qu'est-ce qu'il y a aujourd'hui?
Oh! De la salade! Je n'aime pas ça...
Du poulet! Il est trop salé...
Du gâteau! Il est trop cuit...
Des oranges! Je préfère les bananes. »
Tout à coup, Petit Rat entend du bruit.
C'est le matin. Tout le monde se lève.
Et Petit Rat rentre chez lui sans manger.

L'anniversaire de la girafe

Aujourd'hui la girafe a vingt ans.
Elle a invité tous ses amis à une grande fête.

L'hippopotame est amoureux de la girafe.
Il veut aller à la fête. Mais il est timide.
« Je ne suis pas beau! Je n'ai pas de beaux habits! »

La grenouille lui dit :
« Je vais peindre sur toi un joli costume. »

La fête a commencé. Quel bruit!
Il y a le singe,
le cheval, le lapin, le crocodile.
Il y a aussi le cirque Boulou.
L'hippopotame arrive.

« C'est le plus beau! C'est le mieux habillé! »
Et les yeux de la girafe brillent... brillent...

Mais tout à coup, il pleut.
L'hippopotame n'a pas de parapluie et la pluie efface la peinture.

Tout le monde se moque de lui.

Alors quelqu'un appelle l'hippopotame.
C'est la demoiselle hippopotame du cirque Boulou.
« Viens avec nous! »

Maintenant, l'hippopotame travaille au cirque Boulou.
Il est content.
Et puis, au cirque Boulou, il y a aussi une jolie girafe.

Bouledeneige est la fille du roi.
Tous les jours, au petit déjeuner, au déjeuner et au dîner,
elle mange, elle mange, elle mange.
Alors, bien sûr elle grossit, grossit, grossit.

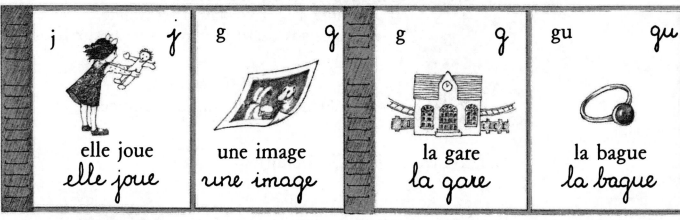

j · j	g · g	g · g	gu · gu
elle joue *elle joue*	une image *une image*	la gare *la gare*	la bague *la bague*

la jambe	il est sage	il goûte	la langue
le déjeuner	la page	élégant	elle est longue
il jette	elle nage	gai	il est fatigué
le jardin	elle change	gonflé	une baguette

Je voudrais un autre morceau.
Gourmande!

Je suis entré à cinq heures
dans la pâtisserie Berlingot.
Tu es arrivé à six heures.
Elle est venue à sept heures.
Vous êtes partis à huit heures.
Ils sont sortis à neuf heures.
Et nous, nous sommes restés
jusqu'à dix heures.

le grenier
la grenouille
elle est grande
je grossis
tu maigris

le jour
bonjour
toujours
aujourd'hui

Bouledeneige mange trop.
Elle grossit, grossit, grossit.
Son père est bien malheureux.
Il ne dort plus. Il ne mange plus.
Il ne va plus se promener.
Alors il maigrit, maigrit, maigrit.

nous mangeons
nous bougeons
nous changeons

Patapouf est un garçon gourmand.
Il a toujours faim.
Pour manger, il n'attend jamais l'heure du déjeuner.
Il vole les oranges du jardin,
        les pots de confiture du placard,
    et les gâteaux de la pâtisserie Berlingot.

Aujourd'hui il fait froid. Il neige.
Dans la pâtisserie Berlingot, il y a beaucoup de monde.
Patapouf entre. Personne ne le regarde.
Alors, il avale quelques gâteaux.
Il glisse quelques bonbons dans sa poche.
Puis, il sort.

Mais Monsieur Berlingot a vu Patapouf.
« Je vais donner une leçon à ce garçon! »

Alors, avec beaucoup de neige, un peu de chocolat et
des morceaux d'orange,
il fait un joli gâteau.

Patapouf passe devant la pâtisserie.
Le gâteau est là, tout près de la porte.
Patapouf entre doucement. Il goûte le gâteau.
« Ah! Il est au chocolat! »
Et il mord très fort dans le gâteau.

Patapouf jette vite le gâteau.
Il fait une grimace.
Il a avalé de la neige. Sa langue est gelée.

Alors, il entend M. Berlingot qui rit :
« Tu n'aimes pas les gâteaux à la glace? »

« Ministre! Pourquoi ma fille est grosse?
– Parce qu'elle mange trop.
– Ça, c'est bien vrai! »

s ß	ss ßß	c C	ç ç

une salade *une salade*	il est assis *il est assis*	le cinéma *le cinéma*	un garçon *un garçon*

sous	une brosse	ici	la leçon
le sucre	il tousse	un citron	français
le sel	une cassette	merci	
seul	une assiette	la sorcière	

un escalier
une pastèque
un ministre
un autobus   attention
un costume   patient

Pourquoi tu es triste?

Parce que ma radio est cassée.

Le cuisinier du roi fait de mauvais plats.
Il met du sucre dans la salade,
    du poivre dans le gâteau,
    du sel sur le chocolat.
Tout le monde fait la grimace.
Personne ne mange.

Nicolas est malade. Il tousse.
Le docteur est venu. Il a dit : « Il ne faut pas sortir. »
Nicolas est triste. Il doit rester seul à la maison.
Avant de partir travailler, maman embrasse Nicolas.
« Tiens! C'est pour toi. »
Et elle donne à Nicolas trois cassettes de chansons.
Alors, jusqu'au soir, les voisins entendent une musique très forte.
« Ce n'est pas possible! Il n'est pas malade! »

Sabine a fabriqué un cerf-volant
avec des morceaux de tissus et des baguettes de bois.
Elle court sur la route et serre bien la ficelle.
Le cerf-volant s'envole et commence à danser dans le ciel.

Mais tout à coup, le vent souffle très fort.
Le cerf-volant emporte Sabine vers les nuages.

Comme c'est amusant!
Le jardin devient tout petit.
Les pastèques sont comme des petits pois.
Sabine passe au-dessus de la ville.
Voici le policier au milieu de la place.
Et voici la grosse Madame Bibochon qui va au marché.
Comme elle est petite!

Mais le vent s'arrête de souffler.
Sabine descend doucement.
Et elle tombe...
          ... au milieu du cirque Boulou.
Tout le monde crie « Bravo! »
et le directeur du cirque dit :
« Je n'ai jamais vu ça! »

Est-ce que vous êtes allés au cirque Boulou?
Après l'âne savant,
après l'éléphant qui danse,
après l'homme qui avale du feu,
on voit une petite fille qui vole
à trois mètres au-dessus des têtes.
On n'a jamais vu ça!

« Montez sur ce balai.
Je vais vous emmener
au fond de la mer
ou sur la montagne,
si vous voulez. »

« Ministre! Tu n'es pas allé dans la forêt!
Tu n'as pas appelé les sorcières! »

è	le père	un mètre	en arrière	le frère
ê	je m'arrête	une bêtise	la fenêtre	le même
ai	il aime	je sais	il fait	ils étaient au cinéma
ei	la neige	la reine		
et	un paquet	un jouet	il met	tu mets

devant rr

| tt | ll | nn |

le verre	une assiette	tu appelles	ils prennent
la terre	elle jette	belle	elles apprennent
il serre	cette	l'échelle	elles comprennent
derrière	ils mettent	mademoiselle	ils viennent

é   un bébé - la clé - nous avons mangé

er   il faut chanter - on va danser - un collier

ez   chantez! - dansez! - amusez-vous!

es   les - des - mes - tes - ses

| hier | le papier |
| fier | le panier |

mer	donner
l'hiver	aller
un cerf-volant	sauter

est

Bouledeneige est grosse
Le ministre n'est pas allé dans la forêt

et

Alice et Olivier vont au cinéma
Elle sait chanter et danser

Barnabé est paresseux. Il ne fait rien dans la maison.
C'est sa femme, Valérie, qui travaille.

Mais Valérie a une petite tête.
Un jour elle oublie d'arroser le jardin.
Un autre jour elle oublie d'aller au marché
ou de faire le dîner.

Barnabé n'est pas content.
Un matin, il a une idée : il écrit sur un papier
tout ce que Valérie doit faire :
> « *Laver les assiettes*
> *Emmener les enfants à l'école*
> *Faire cuire le riz...* »

C'est très long. Le soir, Valérie est très fatiguée.

Un jour d'hiver, Barnabé rentre de sa promenade.
Mais il a oublié sa clé.

« Valérie! Ouvre-moi! J'ai les pieds gelés!
– *Ouvrir la porte :* est-ce que c'est sur mon papier?
Laver les assiettes.
Amener les enfants à l'école.
– J'ai les jambes gelées! Ouvre la porte!
– *Préparer le dîner. Réparer l'auto.* Non, je ne vois pas.
– J'ai les bras gelés! Ouvre la porte!
– Non. Ce n'est pas sur mon papier.
– Si tu ouvres la porte, je déchire le papier. »

Valérie a ouvert la porte.
Ils ont déchiré le papier en deux morceaux :
un grand morceau pour Barnabé,
un petit pour Valérie.

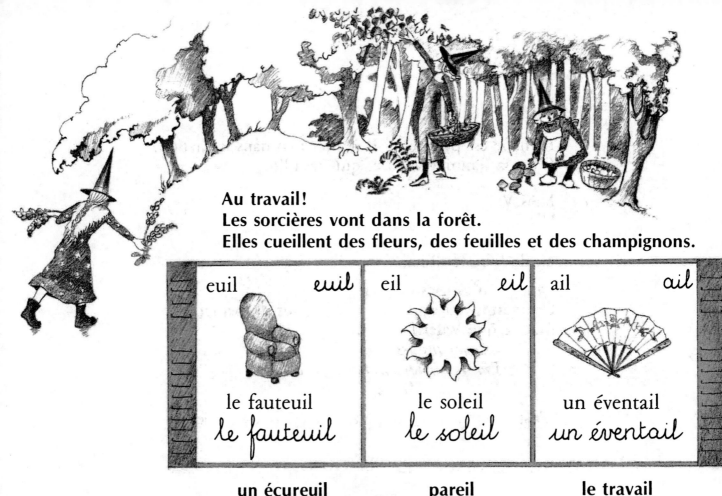

Au travail!
Les sorcières vont dans la forêt.
Elles cueillent des fleurs, des feuilles et des champignons.

euil *euil*	eil *eil*	ail *ail*
le fauteuil *le fauteuil*	le soleil *le soleil*	un éventail *un éventail*

un écureuil   **pareil**   **le travail**

À qui est ce morceau de fromage?
À toi? À elle?

Il est à moi!

Attention   oin

il se réveille	elle cueille	une feuille	loin
une oreille			le coin
meilleur			le poing
meilleure			le point

Pauline et Olivier sont sur la plage. Ils font un château de sable.
Olivier va chercher de l'eau à la mer avec un petit seau.
Tout à coup, un ballon tombe sur Olivier.
Olivier renverse le seau et le seau tombe sur un coin du château.
« À qui est ce ballon? » demande Olivier.
« À moi » répond Nicolas.
Les deux garçons se battent à coups de poing.
Mais Pauline arrive :
« Arrêtez de vous battre! Toi, Nicolas, va jouer plus loin!
Viens, Olivier! Nous allons réparer le château. »

L'écureuil se moque toujours de la tortue :
« Tu vas trop vite! Attends-moi! »

Un jour la tortue lui répond :
« Tu as raison. Je peux aller plus vite que toi.
Faisons la course jusqu'à ce gros arbre, là-bas. »
« D'accord » dit l'écureuil. Mais il pense :
« Cette tortue est un peu malade! »

Tous les animaux sont venus.
L'éléphant donne le départ.
Et la tortue commence à avancer.

L'écureuil rit et dit à ses amis :
« La tortue va mettre trois heures.
Je vous invite à déjeuner. »

Alors, ils mangent une bonne salade de feuilles vertes.
Ils chantent. Ils dansent. Ils s'amusent.
Ils cueillent des fleurs pour les demoiselles.
Puis ils se reposent dans les fauteuils du jardin...
Et ils s'endorment.

Tout à coup, l'écureuil se réveille :
« Où est la tortue? »
Vite, il court vers l'arbre.
Mais la tortue est arrivée. Elle est fière.
Il y a beaucoup de monde autour d'elle.
« Bravo! Tu es la meilleure. »

L'écureuil regarde de loin.
Puis, il monte dans son arbre
et rentre dans son trou,
pas content du tout.

Pour faire un gâteau de sorcière,
il faut des œufs de serpent vert,
des morceaux de champignons rouges,
des queues de souris jaune
et des larmes de crocodile.

œu

gn   gn

un champignon

un champignon

une montagne
c'est magnifique
une araignée

un œuf
un bœuf
un œil

des œufs
des bœufs
des yeux

la sœur
le cœur

les sœurs
les cœurs

Au petit déjeuner Bouledeneige mange six œufs
et quatre pains. Elle boit trois litres de lait et
dix verres de jus d'orange.
Au déjeuner elle mange la moitié d'un bœuf,
trois poulets et quatre kilos de carottes.
Au dîner elle avale l'autre moitié du bœuf et
trois assiettes de glace au chocolat.

Pour faire des crêpes il faut :
des œufs
du lait
de la farine
du sucre
du beurre
un peu de sel
de la confiture

- Mettre de la farine dans un grand bol.
- Casser les œufs dans le bol. Mélanger.
- Ajouter du lait et un peu de sel.
- Bien mélanger.
- Laisser reposer la pâte une heure.
- Mettre un peu de beurre dans une poêle très chaude.
- Verser un peu de pâte dans la poêle.
- Faire sauter la crêpe.
- Mettre du sucre ou de la confiture.

Dans un pays, très loin d'ici,
il y a une montagne magnifique.
Sur cette montagne on trouve de beaux champignons.
Mais il y a aussi un voleur très dangereux : le méchant Urus.

Tamino est allé cueillir des champignons.
Tout à coup, il voit Urus qui l'attend au bout du chemin.
Tamino se met à courir dans la forêt. Il veut se cacher.

Il voit un grand trou dans la montagne.
Mais à l'entrée du trou, il y a une grosse araignée.
Tamino lève le pied pour l'écraser. Alors, il entend :
« Ne me tue pas! »
Tamino saute par-dessus l'araignée et se cache dans le trou.

Alors, l'araignée se met à travailler.
Elle monte. Elle descend.
Elle fait un fil, deux fils, trois fils.
Très vite, elle fabrique une grande toile.
La toile bouche l'entrée du trou.

Urus n'est pas loin.
Il cherche Tamino :
« Où est-il? Dans ce trou?
Non, ce n'est pas possible. »
Et il va chercher plus loin.

Ouf! Urus est parti.
Tamino dit merci à l'araignée.

Dans le gâteau de Raziza
il y a trop de poivre.
Dans le gâteau de la deuxième sorcière
il n'y a pas assez de larmes de crocodile.
Dans le gâteau de la troisième
il n'y a pas assez de sauce tomate.

« Allez! Hop! Mettez les sorcières en prison » dit le roi.

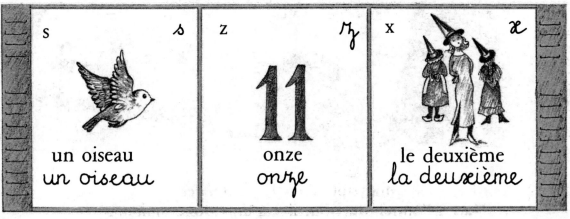

s s	z z	x x
un oiseau	onze	le deuxième
un oiseau	*onze*	*la deuxième*

le cuisinier   zéro   sixième
une bêtise   bizarre   dixième
il a raison   douze

un	ami
deux	allumettes
trois	ânes
quatre	assiettes
cinq	autos
six	avions
sept	élèves
huit	éléphants
neuf	écureuils
dix	oranges

elle est grosse   il pose   les oiseaux
il glisse   la chemise   des enfants
elle passe   il écrase   tes amis
nous laissons   il a raison   ses habits
la brosse   il se repose   leurs images

Les dix enfants de Barnabé
font de la musique
le premier joue du violon
le deuxième du tambour
le troisième du pipeau
le quatrième de la trompette

le cinquième de l'accordéon
le sixième et le septième
dansent sur le chemin
et les trois derniers
frappent dans leurs mains.

Lucas va à la ville, sur son âne.
Sur le chemin, il rencontre un vieil homme qui porte un sac très lourd.
« Prenez mon âne » dit Lucas.
« Merci » répond le vieil homme, « mais je veux le payer.
Prenez ces quatre allumettes. Elles sont magiques. »
Lucas prend les allumettes et continue son chemin à pied.

Une heure après, il a faim.
Il gratte la première allumette et dit :
« Je veux un bon dîner. »
Et devant lui, il y a un grand panier
plein de bonnes choses.
Quand Lucas a bien mangé, il veut se reposer.
Il gratte la deuxième allumette
et devant lui, il y a un lit, grand comme le lit du roi.

Lucas arrive enfin à la ville.
Dans cette ville, tout le monde parle d'Isabelle, la fille du roi.
Isabelle est très belle.
Tous les jeunes gens du pays veulent l'épouser.
Mais Isabelle est fière. À tous, elle dit non.
« Ils ne sont pas assez beaux.
Ils ne sont pas assez riches.
Ils ne sont pas assez intelligents. »

Lucas voudrait bien épouser la fille du roi.
Alors, la nuit, il gratte sa troisième allumette et dit :
« Je veux qu'Isabelle ait une tête de grenouille. »
Et le matin, le roi sort de son château comme un fou :
« Ma fille a une tête de grenouille! »

Maintenant personne ne veut épouser Isabelle.
Alors que va faire le rusé Lucas?
N'oubliez pas la quatrième allumette!

Bouledeneige est la fille d'un roi.
Toutes les filles de roi sont jolies.
Elles ont des amoureux qui chantent sous leurs fenêtres.
Mais Bouledeneige, elle, est grosse... très grosse.

Son père, le roi, est très malheureux.
Il ne mange plus. Il ne boit plus. Il ne dort plus.
Il pense toujours à sa pauvre fille :
« C'est une catastrophe! »

Il dit au cuisinier de faire de mauvais plats.
Mais Bouledeneige continue à trop manger.
Il appelle tous les docteurs du pays.
Mais Bouledeneige continue à grossir.
Alors, il fait venir les trois sorcières de la forêt.

Ces trois sorcières sont très savantes.
Ce sont les meilleures sorcières du pays.
D'un coup de baguette, elles peuvent vous changer :
　　　　en oiseau bleu
　　　　en hibou noir
　　　　en petit rat.

Pour Bouledeneige, elles font un gâteau magique avec :
　　　　des œufs de serpent vert
　　　　des queues de souris jaunes
　　　　des morceaux de champignons rouges
　　　　des larmes de crocodile
　　　　quelques grains de poivre
　　　　beaucoup de sauce tomate.

Mais au château du roi,
il y a une grenouille qui aime faire des bêtises.
Elle rajoute un peu de poivre dans la première marmite
            quelques feuilles dans la deuxième
            beaucoup de sauce tomate dans la troisième.

Quand Bouledeneige mange les gâteaux, c'est une catastrophe!
Avec le premier gâteau, il ne se passe rien.
Avec le deuxième, les bras et les jambes de Bouledeneige deviennent tout petits.
Avec le troisième, Bouledeneige devient minuscule.
Le roi doit mettre ses lunettes pour la voir.

Alors, la petite grenouille s'avance.
Elle souffle dans l'oreille de Bouledeneige
et la minuscule princesse devient grande et mince.

Tout le monde applaudit et le roi est content.
« Bravo, grenouille! Tu es la meilleure!
Qu'est-ce que tu veux? Mon or? Mon château?
 – Je veux me marier avec votre fille.
 – Ce n'est pas possible! Les grenouilles ne se marient pas avec les filles de roi.
 – Si! »
   ....
À la fin, le roi dit :
« D'accord! »
Alors, la petite grenouille devient un beau jeune homme
avec un joli costume et un chapeau à plumes

… et les yeux de Bouledeneige brillent, brillent…

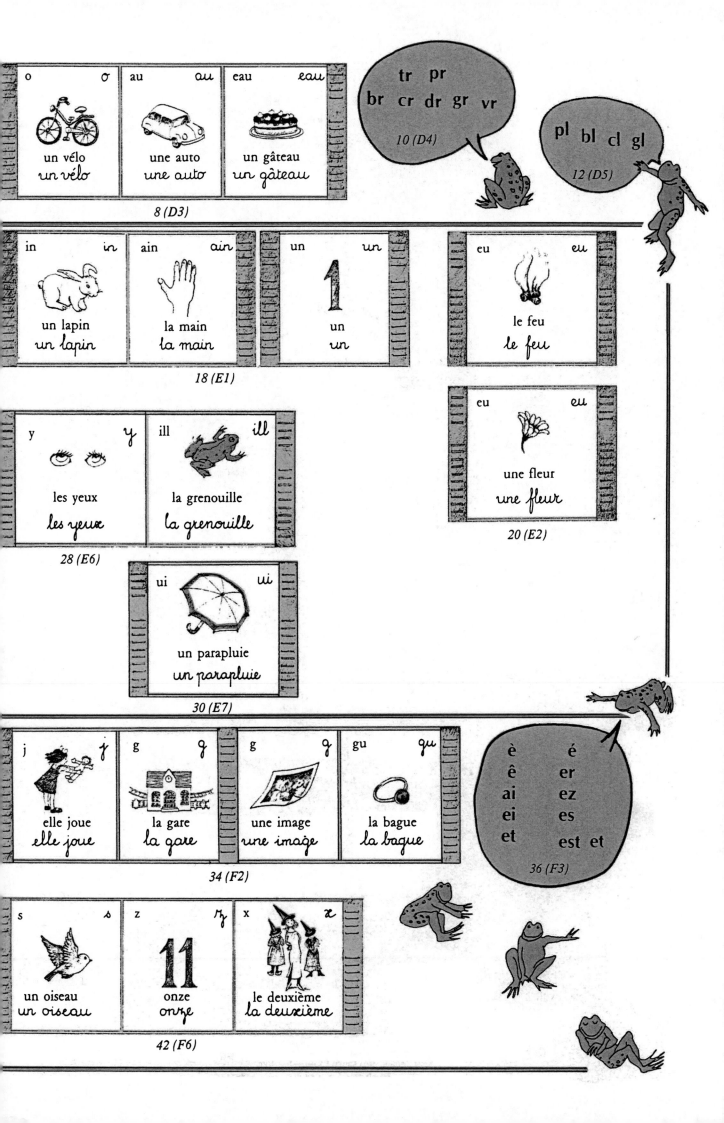

Nº d'éditeur : 10212298 – Dépôt légal : septembre 2008

Achevé d'imprimer en janvier 2015
sur les presses numériques de l'Imprimerie Maury S.A.S.
Z.I. des Ondes – 12100 Millau
Nº d'impression : K14/51549N

Imprimé en France